KB054886

안락사를 합법화해야 할까?

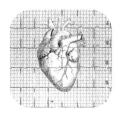

민음 바칼로레아 034

안락사를
합법화해야 할까?

미셀 오트쿠베르튀르 | 김현철 감수 | 김성희 옮김

민음in

질문 : 안락사를 합법화해야 할까?   7

1 안락사에 대한 관심이 커지는 이유는 무엇인가?   11
   현대 의학은 희망을 주는가, 공포를 주는가?   13
   평균 수명이 늘어나면서 어떤 근심거리가 생겼을까?   14
   죽음도 의료인의 손에 맡겨야 할까?   16
   어떤 대가를 치르더라도 생명은 유지해야 할까?   18
   의학은 왜 환자의 고통에 무관심한가?   24
   완화 의료란 무엇인가?   27

2 안락사를 합법화한 나라가 있을까?   31
   안락사는 법적인 문제인가, 윤리적인 문제인가?   33
   안락사 합법화를 주장하는 근거는 무엇일까?   36

3 안락사 합법화는 어떤 사회적 결과를 가져올까?   39
   늙음과 죽음은 혐오스러운 것인가?   41
   두려운 것이 죽음인가, 고통인가?   44
   정말로 죽음을 원하는가?   46
   극단적인 경제 논리로 이어지지 않을까?   47

4 인간의 존엄성이란 무엇인가?   51
   존엄하지 않은 인간도 있는가?   53
   자살하는 것도 권리가 될 수 있는가?   58

5 의사는 어떤 원칙을 지켜야 하는가?   61
   의사는 법률을 따라야 할까, 양심을 따라야 할까?   63

   더 읽어 볼 책들   67
   논술 · 구술 기출 문제   68

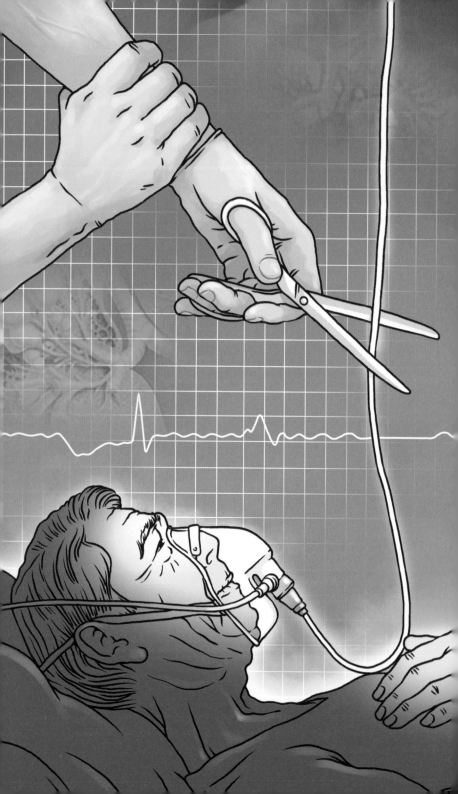

질문 : 안락사를 합법화해야 할까?

안락사(安樂死)란 '편안한 죽음' 또는 '고통 없는 죽음'을 의미한다. 안락사를 뜻하는 영어 '유타나시아(euthanasia)'도 그 어원을 살펴보면 고대 그리스어로 '좋다'는 뜻의 '에우(eu)'와 '죽음'을 뜻하는 '타나토스(thanatos)'가 결합해 만들어진 용어다. 그러나 요즘 안락사를 둘러싸고 벌어지는 논쟁들을 보면 안락사가 그렇게 편안하고 좋은 죽음인 것 같지 않다.

일반적으로 불치병 환자가 겪어야 할 죽음의 고통을 덜어 주고, 질병으로 인한 괴로움을 피할 수 있게 해 주는 행위를 통틀어 안락사라고 한다. 그런데 이렇게 막연하게 정의하면 개인에 따라, 또 문화에 따라 서로 상이한 해석을 낳을 위험이 있다. 게다가 안락사 행위는 의료 분야에 따라 매우 다른 양상을

띤다. 예를 들어, 소생술*을 받아야 할 환자와 암 환자의 안락
사 문제는 전혀 다른 것이다.

또 안락사를 이렇게 광범위하게 정의하면, 고의적으로 환자
의 죽음을 초래한 경우와 사망을 막기 위한 온갖 조치를 취하
지 않은 경우가 크게 다르지 않게 보여 엄연히 다른 두 경우를
구분하는 것이 모호해진다. 오늘날 그러한 경우들을 뭉뚱그려
서 논의하는 경향이 있는데, 이는 법적인 차원과 윤리적인 차
원을 혼동하게 만듦으로써 심각한 문제를 야기한다.

대개 환자의 고통을 덜어 주기 위해 진통제를 점점 더 많이
사용하다가 결국 죽음에 이르게 하는 경우를 '소극적 안락사'*
라고 부른다. 그런데 이것은 잘못된 표현이다. 뿐만 아니라 생

● ● ●

소생술 방치해 두면 죽게 되는 경우에 실시하는 회생 조치. 심장 마사지나 인공
호흡기 사용이 대표적인 예다.
소극적 안락사(Passive Euthanasia) 보통 환자가 죽음의 과정에 들어선 것이 확실
할 때 그 진행을 일시적으로나마 저지하거나 지연시킬 수 있음에도 이를 방관하는
것을 소극적 안락사라고 한다. 그리고 어떤 일정한 현실적 변화를 목표로 한 자기
의 의도적 행위가 결과적으로 죽음을 초래한다는 것을 알면서도 이를 행하여 죽음
을 야기하는 것을 간접적 안락사(Indirect Euthanasia)라 한다. 하지만 대부분의 경
우 간접적인 안락사는 소극적인 안락사와 일치하기 때문에 크게 구분하지는 않는
다. 이에 반해 처음부터 환자의 죽음을 앞당길 것을 목적하여 이루어지는 것은 적
극적 안락사(Active Euthanasia)라고 한다. 이 책에서 저자가 말하는 안락사는 대부
분 적극적 안락사에 해당한다.

명 유지에 필요한 약물의 투약 중단 등 환자와 대한 모든 의료 활동을 중단하거나 소생실에 있는 환자의 생명 연장 장치를 제거하는 것도 소극적 인락사라고 부를 수 없다.

법학자들은 이와 같은 경우를 **치료 중단**이라고 말한다. 치료 중단이란 인위적으로 아픈 사람을 '죽이는' 것이 아니다. 환자 자신이 자살하고자 결심한 것도 아니다. 어디까지나 질병이나 치료에 따르는 고통을 덜어 주고자 하는 것일 따름이다. 비록 그 결과로 죽음이 뒤따를 위험이 있음을 잘 알고 있을지라도 말이다.

이에 반해 엄밀한 의미에서 **안락사**란 인위적으로 죽음에 이르게 하는 것이다. 따라서 환자가 치명적인 물질을 스스로 투약해서 자살하는 것도 여기에 포함된다. 부모나 친구, 의사 등 주변 사람에게 그런 물질을 손에 넣을 수 있게 도와 달라고 부탁하는 것도 이 개념에 속한다. 이 경우 **조력 자살**이라고 말하며, 자살을 도운 사람의 행위는 법적으로 자살 방조에 해당한다.

현재 전세계적으로 안락사 합법화에 관한 논란이 뜨겁다. 유럽의 두 나라(네델란드와 벨기에)에서는 몇 가지 조건을 전제로 해서 이미 안락사를 법적으로 허용하고 있으며, 조력 자살을 허용해 줄 것을 유럽 인권 재판소에 요청한 사건도 있었다.

죽음, 고통, 질병에 관해 이야기하는 것은 항상 어렵고 조심

스럽다. 그래서인지 이 문제에 관해 토론할 때 감정이 앞서는 경우가 많고, 과학적 · 법적 · 윤리적인 측면에서 접근할 때 오히려 이해받기 어려울 때가 종종 있다.

이 책에서는 안락사에 대한 관심이 존재할 수밖에 없는 이유와 안락사를 둘러싸고 벌어지는 여러 논쟁들을 살펴볼 것이다.

죽음을 앞둔 환자의 고통을 해결할 수 있는 방법이 안락사뿐일까? 정말 안락사를 합법화해야 할까? 죽을 권리라는 것을 인정할 수 있을까? 안락사를 허용하면 어떤 결과가 빚어질까?

1

안락사에 대한
관심이 커지는 이유는 무엇인가?

현대 의학은 희망을 주는가, 공포를 주는가?

최근에 왜 안락사가 많은 사람들의 관심을 끌게 되었을까? 이는 한편으로 의학이 발전하면서 생겨난 두려움과도 관계가 있다.

실제로 의학은 야누스˙처럼 두 개의 얼굴을 가지고 있다. 첨단 의료 기술은 희망과 공포를 동시에 불러일으킨다. 인간적인 면을 배제한 채 정해진 절차에 따라 이루어지는 무미건조한 의료 행위는 우리를 안심시켜 주는 면도 있지만 두려움을 가져다

• • • •

야누스 로마 신화에 나오는 문지기 신으로서, 문의 앞뒤를 보는 두 개의 얼굴을 가지고 있다. 두 얼굴을 지닌 모습에 빗대어 이중적인 존재를 가리키는 표현으로 잘 쓰인다.

주기도 한다. 현대 의학의 현실을 간단하게나마 살펴보면, 안락사 문제가 의학의 두 얼굴이라는 이러한 모순에 맞닿아 있다는 것을 알 수 있다. 그리고 무엇보다도 안락사 지지자들이 현대 의학에 품고 있는 두려움과 불신을 알 수 있다. 그런데 의학에 대한 이런 불안이 안락사를 정당화하는 이유가 될 수 있을까?

평균 수명이 늘어나면서 어떤 근심거리가 생겼을까?

지난 20세기를 거치면서 개인의 일상 생활이 완전히 바뀌었다는 건 새삼 말할 필요가 없다. 경제적으로 발전한 부유한 사회일수록 그 변화는 괄목할 만하다. 그 가운데 특히 두드러지는 것은 평균 수명의 연장이다.

흔히 사람들이 생각하는 것과는 달리, 치료 의학°은 인간 수

● ● ●

치료 의학 예방 의학과 치료 의학은 서로 대응하는 용어로 사용된다. 예방 의학은 질병을 예방하기 위한 노력이나 의료 분과를 가리키는 데 비해, 치료 의학은 질병을 퇴치하고 통증이나 상처를 없애는 것을 목적으로 하는 것을 말한다.

명이 늘어나는 데 그리 큰 역할을 하지는 않았다. 의학의 기여도는 20퍼센트 정도라고 평가된다. 사람들이 더 건강하게 더 오래 살게 된 것은 주로 위생과 영양, 주거 환경이 좋아진 덕이다. 간단하게 말해서 생활수준이 높아졌기 때문이다.

200년 동안 수명이 얼마나 늘어났는지를 보면 놀라울 정도다. 몇몇 가난한 나라들을 예외로 하면, 전세계적으로 평균 수명이 엄청나게 길어졌다. 1800년 프랑스 인의 평균 수명*은 35세를 넘지 않았다. 그런데 1936년에는 56세에 달하더니, 현재는 남성은 76세, 여성은 82세를 넘어섰다.

그 결과 고령 인구가 엄청나게 증가하고, 그에 따른 근심거리도 늘고 있다. 물론 물질적인 면에서 오늘날의 인류는 예전에 비해 훨씬 더 잘살고 있고, 오늘날의 육십대는 과거의 오십대와 비슷할 정도로 건강하다. 그러나 일반적으로 80세가 넘으면 운동 신경, 청각, 시각, 뇌 기능 등에서 이런저런 장애가 늘어나는 것을 감수해야 한다. 노화에 따른 이런 신체적 불편함

● ● ●

평균 수명 일정한 지역 주민들의 수명을 평균한 것. 1년 사이에 죽은 사람의 총 나이를 죽은 사람의 수로 나누어 계산한다. 한국 통계청 조사에 따르면 2003년 한국인의 평균 수명은 77.5세이며 남자 73.8세, 여자 80.8세이다. 1983년에는 남자 63.2세, 여자 71.5세였다.

에 외로움이나 소외, 부적응, 편의 시설 부족으로 생기는 문제들까지 덧붙여진다. 이제 늘어만 가는 노인층의 자립성 상실은 의학과 사회 전체가 해결해야 할 커다란 과제가 되었다. 한 개인으로서도 늙어서 죽음에 가까워질 때 점점 커질 수밖에 없는 불안에 대처하는 것이 큰 어려움이 되었다.

오랜 질병과 고독과 신체적·정신적 괴로움이 바로 삶의 마지막 모습이 된 것이다. 경제 성장의 영광을 기리는 찬가 속 이미지와는 사뭇 다른 모습이다. 어쨌든 이런 점에서 볼 때 편안하고 신속한 죽음에 대한 생각이 왜 사람들의 마음을 사로잡는지 이해가 된다.

죽음도 의료인의 손에 맡겨야 할까?

1950년대 초 의학이 획기적인 성과를 이룩한 뒤로 의료 기술은 한층 더 진보해 왔다. 새로운 의학 정보를 발 빠르게 찾아다니며 보도하는 언론 매체가 유력한 증인이다. 매스컴을 적게 탈 뿐 의학의 실패 또한 존재하는데, 유감스럽게도 의학이 불러일으키는 희망이 그러한 실패에 따른 실망을 가려 버린다.

경제적으로 부유해지고 수명이 늘어남에 따라 의학에 대한 관심은 점점 더 커졌다. 이제 사람들은 의학이 기적을 이룰 수 있다는 잘못된 확신을 갖기도 한다. 전염병을 비롯하여 예전에는 걸리면 죽는 병이었던 것들이 대부분 퇴치되긴 했지만, 인구 고령화와 함께 질병의 수는 오히려 더 늘어났다. 물론 의학이 그러한 질병들을 담당하며 때로는 최종 만기일을 뒤로 미뤄 주기도 한다. 수많은 사람들이 그렇게 의료 기술의 힘으로 생명을 이어 가고 있다. 완전히 낫는 것은 아니더라도 말이다. 만성 질병 환자들의 경우, 생명이 다할 때까지 꾸준히 치료를 받아야 한다는 조건이 따르긴 하지만, 그래도 의학의 힘을 빌려 계속 살 수는 있게 된 것이다.

언제부터인가 의학 기술은 개인의 삶 전체를 지배하게 되었다. 태어나서 죽을 때까지 한 개인의 인생은 예방 접종, 검진, 각종 검사, 호르몬 치료 등 의료 행위의 연속이라고 해도 과언이 아닐 정도가 된 것이다. 태어나고 죽는 것보다 자연스러운 일이 어디 있을까? 그러나 출생과 사망 대부분이 이루어지는 곳은 바로 병원이다.

의학의 발전은 일상의 의료화°와 결합하여, 사람들로 하여금 과학적이고 냉철하고 기술 중심적이고 잘 짜인 의학이 '삶의 문제'와 '죽음의 문제'를 해결해야 한다고 생각하도록 만들고 있다. 이제 사람들은 건강하게 사는 것은 물론이고, 장애나

유전병, 선천적 질병 없이 '잘 태어나는' 것에서부터 고통 없이 '잘 죽는' 것에 이르기까지 인생을 무균 처리된 하나의 코스 같은 것으로 생각한다. 그리고 그 과정에서 의사는 유능한 기술자이자 서비스 업자가 될 것을 요구받는다.

이처럼 다양하고 새로운 기술들로 무장한 의학이 죽음의 시간을 늦추어 줄 수 있다고 사람들은 생각하며, 바로 그러한 허상이 의료 집착적 행위를 초래한다.

어떤 대가를 치르더라도 생명은 유지해야 할까?

완치가 불가능함은 물론, 상태가 그다지 나아질 수 없다는 것이 확실한 경우에도 의학적 수단으로 생명을 연장하는 것이 가능하다. 하지만 의학의 그러한 고집스럽고 억지스러운 힘겨루기는 하나의 집착에 지나지 않는다. 한 개인의 인생에서 질적인 부분은 고려하지 않고, 오직 양적인 부분만을, 즉 시간만

● ● ●

의료화 과거에는 의료의 영역에 속하지 않았던 현상들을 의학적으로 정의하여 의료 서비스를 제공함으로써 의료의 지배권을 확대해 가는 것을 말한다. 예를 들어 미용, 노화, 성, 출산 등이 의료인의 도움을 받아야만 하는 분야로 자리 잡았다.

을 연장하는 것이기 때문이다.

의료 집착적 행위는 대개 환자 가족이 요구하는데 때로는 환자 자신이 요구하기도 한다. 의료 집착적 행위는 패배를 인정하고 죽음을 받아들이려 하지 않는 의학의 일면을 잘 보여 준다. 의료 장치로 생명을 연장하는 환자들은 주로 소생실에 있는 신생아나 노인들, 그리고 전이성 암, 진행성 신경 질환 같은 심각한 병의 말기에 이른 이들이다.

과학적이고 기술적인 효능을 가진 현대 의학의 부정적인 측면이라 할 수 있는 의료 집착적 행위는 **소생 의학**의 탄생으로 시작되었다. 소생 의학은 이미 수많은 생명을 구했고 지금도 많은 생명을 구해 주고 있는 의료 분야로서, 1953년 비로소 치료에 이용되었다. 처음에는 인공호흡기를 사용하여, 척수성 소아마비°로 호흡기 근육 마비가 온 환자들의 생명을 구했다. 그리고 얼마 지나지 않아 인공 신장 장치로 급성 신부전° 환자들

• • •

소아마비 어린아이에게 주로 발병해서 수족 마비의 후유증을 남기는 병이다. 성질이 다른 두 가지 병의 총칭으로 쓰이는데, 하나는 뇌성 소아마비이고 다른 하나는 척수성 소아마비이다. 뇌성 소아마비는 선천성 또는 후천성 뇌 장애로 인하여 일어나고, 척수성 소아마비는 폴리오 바이러스에 의한 급성 감염증으로 일어난다.
신부전 신장 기능이 현저하게 저하되어 체액의 정상적인 성질을 유지할 수 없게 되는 병이다. 급성과 만성이 있다.

의 목숨을 구할 수 있게 되었다.

오늘날에는 소생 관련 의료 서비스가 이렇게 직접적인 치료가 필요한 환자들에게만 행해지는 것은 아니다. 소생 의학으로 말기 환자들의 생명을 연장하는 것이 가능하기 때문에, 그냥 두면 죽을 수밖에 없는 환자의 생명을 인위적으로 연장하기 위한 수단으로 소생 의료 서비스가 종종 쓰이기도 한다.

그래서 환자의 목숨을 구하는 소생술과, 치료 없이 목숨만 유지시키면서 때로는 불필요한 고통을 대가로 치르게 하는 의료 집착적 행위 사이의 경계는 미묘하다.

삶의 양과 질 사이의 혼란은 생명 존중과 개인 존중의 혼란으로 이어진다. 생명은 어떤 대가를 치르더라도 반드시 유지해야만 하는 것이라고 주장하는 이들이 있는가 하면, 죽을 수밖에 없는 사람에게 공연히 고통을 겪게 하는 것은 옳지 않다고 말하는 이들도 있다.

그런데 '어떤 대가를 치러서라도 생명을 존중하는 것'이 무슨 의미가 있을까? 암 덩어리보다 생명이 넘치는 것이 아무것도 없는데 말이다. 한 사람의 생명은 그저 신체 장기를 소유하는 것에 그치지 않는다는 점을 잊어서는 안 된다.

프랑스에서는 의료 집착적 행위에 대해 법정 공방이 벌어지기도 했다. 의료 행위의 조건을 정하고 있는 의사 윤리 강령은

소생 불가능한 환자의 목숨을 인위적으로 연장하는 것은
의료 집착적 행위로서 의학의 고집스럽고 억지스러운 힘겨루기로 비춰진다.

생명 존중을 원칙으로 하면서도 동시에 개인에 대한 존중 역시 강조하고 있다. 그리고 의료 집착적 행위는 의학의 본분을 벗어난 것이라고 명시하고 있다.

안타깝게도(어쩌면 다행스럽게도) 실제 의료 현장에서는 어떤 조치가 의료 집착적 행위인지 아닌지 판단하기가 매우 어려울 때가 많다. 그리고 간혹 불치 선고를 받은 환자가 적극적인 소생술과 과감한 외과 치료를 받고서 두 다리로 걸어서 병원을 나가는 것을 봤다는 기적 같은 이야기가 환자들 사이에서 돌 때도 있다. 그럴 경우 의료 집착적 행위가 마치 결연한 의지처럼 보일 수도 있다.

그러나 최악의 경우를 그려 볼 때 의료 집착적 행위는 성공에 도취한 의학이 인위적으로 생명만 유지시킴으로써 무의미한 과잉 진료를 하는 것은 아닌지 우려하게 된다. 그래서 단지 환자의 고통을 연장시키는 것은 아닐까 하는 걱정으로 치료를 중단해 줄 것을 요구하는 환자 보호자들도 있다.

의료 집착적 행위와 그로 인해 환자가 겪을지도 모르는 고통에 대한 고찰은 현재 진행 중이다. 그 과정에서 **치료 중단**이라는 새로운 개념이 나왔다. 그것은 소생 가능성이 없을 경우 무의미한 모든 치료를 중단하는 것을 의미한다. 환자에게 남은 마지막 희망은 평온하게 생을 마감하는 것이다. 이를 가능하게 해 주는 것이 바로 완화 의료이다. 완화 의료에 대해서는 나중에 다시 살펴볼 것이다.

의학적으로 의미 없는 치료를 중단하는 것은 분명하게 허용되어 있다. 의사는 연구와 치료에 있어 사리에 어긋나는 고집은 피해야 한다는 내용이 프랑스 의사 윤리 강령에 명백하게 나와 있다. 이는 치료로 얻는 좋은 점보다 나쁜 점이 많을 경우에는 그 치료를 중단할 수 있다는 의미다. 그렇다고 해서 의도적으로 환자를 사망하게 할 권리가 의사에게 주어진 것은 아니다.

현재 프랑스에서는 소생 의학계를 중심으로 치료 중단 행위에 관한 지침*을 만들고 있는 중이다. 안락사 시술의 형태가

● ● ● ●

치료 중단 행위에 관한 지침 우리나라에서는 대한 의사 협회가 2001년에 제정하여 2006년 4월 22일 전면 개정한 의사 윤리 지침에 회복 불능 환자의 진료 중단에 관한 내용이 제16조, 제17조, 제18조에 걸쳐 언급되고 있다. 그 대표적인 내용은 다음과 같다. "의사는 죽음을 앞둔 환자가 자신의 죽음을 긍정적으로 받아들여 품위 있는 죽음을 맞이할 수 있도록 노력하여야 한다."(제16조 2항) "의사는 의료 행위가 의학적으로 무익, 무용하다고 판단된 회생 가능성이 없는 환자에 대하여 환자 또는 그 보호자가 적극적이고 확실한 의사표시에 의하여 환자의 생명 유지 치료 등 의료 행위의 중단 또는 퇴원을 요구하는 경우에 의사는 의학적, 사회통념적으로 수용될 수 있다고 판단되면 그들에게 충분한 설명을 하고 법령이 정하는 절차와 방법에 따라 그 의료 행위를 보류, 철회, 중단할 수 있다.(제18조)

너무나 다양해져서 혼란이 생겼을 뿐만 아니라 치료 중단 행위가 비밀스럽게 이루어지는 경우가 많아졌기 때문이다. 이제 지침이 만들어지면 그런 결정을 비밀스럽게 하지 않아도 될 것이다.

의학은 왜 환자의 고통에 무관심한가?

지금까지 의학은 숱한 성공을 거두면서 의기양양하게 발전해 왔다. 전염병을 퇴치하고, 부러진 뼈를 감쪽같이 고쳐 놓고, 온갖 종류의 고통을 덜어 주고 있다. 하지만 그것만으로 충분할까?

의학이 가져다준 혜택은 결코 부인할 수 없다. 하지만 현대 의학은 백 년 전에는 너무나 당연하게 받아들여졌던 사실을 언제부터인가 망각하게 만들어 버렸다. 바로 환자에게는 치료만이 아니라 보살핌도 필요하다는 사실이다. 병을 고치는 것이 의사 능력 밖의 것으로 보였던 시대에는 사실 환자를 정성껏 돌보는 것이 주된 치료법이었다. 그런데 이제 기술화된 의학은 환자를 돌보는 것에 대해서는 무관심하다. 몇 안 되는 헌신적인 사람들을 제외하면 병원에서 인간적인 면을 찾아보기란 거의 불가능하다.

의학은 인간의 신체를 고치는 데에는 유능하지만, 그 신체가 정신의 또 다른 일면이라는 사실을 직시하려고 하지 않는다. 신체는 고쳐졌어도 정신은 계속 고통받을 수 있다는 사실을 외면한다. 그래서 의학은 병든 장기를 치료하는 동안은 그 장기가 한 인간에게 속해 있다는 것을 아예 잊는 쪽을 택한다. 치료하고 있는 대상이 다름 아니라 병든 한 인간이라는 사실, 곧 육체와 정신을 모두 가지고 있는 존재라는 것을 뒤로한 채 오로지 장기에만 몰두하는 것이다.

의학이 환자의 고통에 얼마나 무관심했는지를 단적으로 보여 주는 사례가 있다. 바로 1980년대까지 의료계에서 통증 치료를 방치했던 점이다. 어떤 사람들은 기독교적 가치가 그러한 무관심의 원인이라고 설명하기도 한다. 즉 고통은 사람을 성숙하게 해 준다는 믿음 때문이라는 것이다. 그러나 그런 주장에는 아무런 근거가 없다.

고통은 속죄를 위한 것이 아니다. 오히려 기독교 계통의 여러 의료 시설에서 아주 오래전부터 임종 환자들의 고통을 덜어 주기 위해 모르핀*을 사용했다. 그러한 사례는 19세기 말 파리에서도 찾아볼 수 있다. 리옹 출신의 한 젊은 미망인이 버림받은 임종 환자들을 돌보기 위해 세운 잔가르니에 요양원에서 모르핀을 사용했다. 그리고 런던의 세인트 크리스토퍼 호스피스에서도 마찬가지였다. 특히 그곳은 호스피스*의 탄생지로 널리 알려져 있다.

이와는 반대로 과학만능주의, 자기도취에 빠진 관료적인 의학은 통증 치료를 도외시했다. 통증을 단순한 증상 정도로 간주하여 전혀 관심을 두지 않았기 때문이다. 다시 말해 고통은 질병의 부차적인 결과에 지나지 않는 것으로 여겨졌고, 그래서 엄밀한 의미에서 병리적인 것에만 관심을 가지는 의료 행위의 대상이 될 자격이 없었다. 의학은 병의 치료에만 초점을 맞추었고, 환자를 돌보는 데에는 별 관심이 없었다. 눈에 보이는 효능을 제일 중요하게 평가했기 때문이다.

그렇다면 죽음을 앞둔 환자나 소생 가능성이 없는 환자들에게는 그 어떤 희망도 없는 걸까? 다행스럽게도, 그러한 경우에 특별히 고통에 시달리지도 않게 해 주는 방법이 마련되어 있다. 그것은 바로 완화 의료 서비스다.

●●●

모르핀 아편의 주성분으로, 마취제나 진통제로 쓰인다. 계속해서 사용하면 만성 중독이나 금단 현상을 일으킬 수 있다.
호스피스 죽음을 앞둔 환자에게 평안한 임종을 맞도록 위안과 안락을 베푸는 봉사 활동, 혹은 그러한 활동을 전문적으로 하는 사람이나 시설을 뜻하는 말이다.

완화 의료란 무엇인가?

불치병 환자나 죽음을 앞둔 사람을 돌보는 행위를 통틀어 **완화 의료**라고 한다. 완화 의료는 그런 이들의 신체적인 고통과 정신적인 고통을 줄이거나 없애 주는 모든 수단을 강구한다.

신체적인 차원의 완화 의료는 환자를 불편하게 만드는 증상을 제어하는 것이다. 그러한 증상은 구토, 설사, 요실금, 욕창 등 다양하다. 오늘날에는 모르핀 외에도 수많은 약품이 통증을 다스리는 데 쓰인다. 진통제부터 마취제까지, 통증을 덜어 주는 매우 다양한 종류의 약이 개발되어 있다.

정신적인 차원의 완화 의료는 마음에 평화와 안정을 주는 것을 목적으로 한다. 항우울제 같은 약도 환자에게 도움이 될 수 있지만, 무엇보다 환자의 말을 들어 주고, 마음을 편안하게 해 주며, 그들이 원하는 것, 필요한 것이 무엇인지 살피는 것이 중요하다.

● ● ●

요실금 자신의 의지와 관계없이 소변이 나오는 증상.
욕창 오랫동안 환자가 병으로 누워 있게 되어 병상 바닥에 닿는 부위의 피부가 짓무르고 상하는 것.

한편 완화 의료에 대해서는 아직도 이해가 많이 부족한 실정이다. 대부분의 사람들은 완화 의료를 환자에게 심리 차원의 도움을 주는 것 정도로만 생각한다. 물론 그런 종류의 보살핌도 완화 의료에 포함된다. 그러나 그러한 도움은 모든 의료 행위에 포함되어야 하는 것이고, 완화 의료의 방법은 고도의 전문성을 가지는 것이다. 이를테면, 고통을 덜어 주기 위해 외과 처치를 할 수도 있어야 한다. 완화 의료가 다른 의료 분야와 기본적으로 다른 점은, 병을 고치는 게 목적이 아니라는 점이다. 당뇨병, 에이즈 등 같은 만성 질병에 대한 치료법들과 마찬가지로, 완화 의료는 병을 고치는 것과는 무관하게 환자를 돌본다.

완화 의료에는 엄격한 규칙이나 최고의 처방 같은 것이 따로 없다. 환자를 보살필 때에는 환자 각각의 상태에 맞게 보살펴야 하는데, 환자의 상태는 그때그때 달라지기 때문이다. 중요한 것은 환자가 어디가 불편한지, 무엇이 필요한지, 외롭지는 않은지 등을 헤아리는 것이다. 뿐만 아니라 그러한 요구가 매일매일 달라질 수 있다는 것 역시 유의해야 한다.

완화 의료의 필요성과 실효성에 관한 논쟁에 경제 논리가 끼어드는 것은 놀랄 일이 아니다. 평생 의료비의 절반이 죽기 전 6개월 동안 쓰인다는 점을 내세워, 몇몇 사람들은 안락사를 인정해야 한다고 주장한다. 그들은 안락사가 건강 보험비 부담을 줄일 수 있다는 것을 강조한다. 아픈 사람을 돌보기 위해서는 주위에 사람들이 있어야 한다. 항시 대기 상태에 있는 간호사와 간병인, 심리 상담을 해 줄 수 있는 심리 치료사 등이 필요한데, 그들의 도움을 받으려면 상당한 비용이 든다. 그 비용은 주사 한 대로 간단히 해결되는 안락사 시술보다 훨씬 많이 들어간다는 것은 두말할 나위 없고, 최첨단 의료 장비 몇 대의 가격에 달하기도 한다.

프랑스 입법부가 그런 주장을 받아들이지 않은 것은 다행스러운 일이다. 오히려 1999년 말기 환자들에게 완화 의료의 길을 열어 주는 법안이 통과되었다. 그러나 안타깝게도, 관련 시설은 아직도 턱없이 부족하다. 1999년 당시 완화 의료 시설은 87곳밖에 되지 않았고, 완화 의료팀이 있는 병원은 184개에 불과했다.

필립 르텔리에*는 『안락사』라는 책에서 완화 의료의 현실에 대해 다음과 같이 쓰고 있다.

● ● ●

필립 르텔리에(1941~) 프랑스 캉 의과 대학 교수이자 캉 대학 병원의 완화 의료 팀장이다. 공저로 『안락사』가 있다.

완화 의료는 아직 하나의 전문 분야로 인정받지 못하며, 그 기능을 원활하게 수행하는 데 필요한 재원도 몹시 부족한 실정이다. 더구나 의료 활동을 점수로 평가하는 의료 정보 수집 체계에서, 30분도 채 걸리지 않는 단순 진료인 초음파 검진이나 엑스선 촬영보다 완화 의료가 훨씬 낮은 평가를 받고 있다는 것은 불명예스러운 일이 아닐 수 없다. 간병을 함에 있어 정성을 쏟고 마음을 다해 환자를 돌보는 것이 특히 중요하고 어렵다는 점을 감안할 때, 바로 사회의 그런 분위기가 완화 의료 활동을 하는 이들의 의욕을 꺾고 있다.

그리고 완화 의료 서비스는 소생술과 연계해서 이루어져야 한다. 치료 중단의 경우 완화 의료가 소생 의학의 바통을 이어받게 되기 때문이다. 그에 대한 고찰은 이제 겨우 시작 단계에 있다. 소생 의학과 완화 의료의 연계가 이루어지기 위해서는 환자 가족과 간병인을 도와줄 제삼자의 참여가 필요하다. 프랑스의 소아과에서는 그와 같은 시스템이 이미 실질적으로 운용되고 있는데, 예를 들어 치료 중단 같은 중요하고 힘든 결정을 해야 할 때 심리 치료사의 도움을 받을 수 있다. 미국 역시 두 가지 의료 활동을 연계하는 의료 서비스를 시행하고 있다.

2

안락사를 **합법화**한
나라가 있을까?

안락사는 법적인 문제인가, 윤리적인 문제인가?

아주 일반적인 차원에서 볼 때 안락사는 인간의 생명을 인위적으로 단축하는 것으로 여겨진다. 그래서 범죄 행위로 취급되는 것이 보통이다.

그런데 몇 년 전 유럽 두 나라가 안락사를 조건부로 합법화했다. 2001년 4월과 2002년 5월에 네덜란드와 벨기에가 각각 안락사를 허용했다. 네덜란드의 경우 법의 효력 발생은 2002년 4월 1일부터였다. 미국은 연방법에서는 안락사˚를 금하고 있으며, 오리건 주만 조력 자살을 허용하는 법을 1997년에 통과시켰다.

얼마 전, 다이앤 프리티라는 영국 여성이 안락사 허용을 요청한 사실이 언론에 보도되었다. 그녀는 퇴행성 신경 질환˚ 말기 환자였는데, 남편의 도움을 받아 죽을 수 있도록 해 달라고 법원에 요청했다. 영국에서 그 요청이 기각되자, 그녀는 유럽 인권 재판소에 청원하기에 이르렀다.

유럽 인권 재판소의 재판관 일곱 명은 안도라, 영국, 핀란드, 룩셈부르크, 몰다비아, 폴란드, 스웨덴 출신으로 국적도 문화도 서로 달랐지만, 만장일치로 프리티 부인의 요청을 기각했다. 법정이 인권을 보호하는 곳이라고 볼 때, '죽을 권리'는 인권에 속하지 않는다는 것이 이유였다.

프랑스 국가 윤리 위원회는 2000년 3월 3일, 「죽음, 생명 종료, 안락사」라는 제목의 보고서를 발표했다. 장차 혹시 안락사가 합법화되는 것에 대비해서 문제를 명확히 해 두기 위해서였다.

●●●

미국의 안락사 관련 법 좀 더 구체적으로 말하면 미국은 이른바 소극적인 안락사, 즉 생명 유지 장치의 제거에 대해서는 본인의 의사를 확인한 후 이루어졌을 때 이를 인정해 주고 있다. 하지만 미국의 대부분의 주에서는 적극적인 안락사는 살인죄로 처벌하고 있다.

퇴행성 신경 질환 정상적인 노화 과정과는 달리 비정상적인 신경 세포의 죽음에 의해 뇌나 척수의 기능이 마비되어 인지 능력, 보행 능력, 운동 능력 등이 급격히 저하되는 질환을 통틀어 퇴행성 신경 질환이라고 한다. 알츠하이머 병, 파킨슨 병 등이 여기에 해당한다.

보고서 내용을 보면 '안락사 허용 특례'라는 개념을 도입하고 있다. 여러 분야의 전문가로 구성된 특별 위원회가 각각의 안락사 상황을 검토하고, 그 상황이 안락사 행위를 법적으로 인정할 수 있는 예외적인 상황인지를 판단하도록 한다는 것이다. 보고서는 그러한 범주에 들어갈 수 있는 상황도 분명히 정해 두고 있는데, "완화 의료의 과감한 실행도 말기 환자의 고통을 견딜 만하게 만들기에는 무력하다고 밝혀질 경우"만 특례에 해당한다고 되어 있다.

하지만 어떤 경우가 그에 해당하는지 명확히 정하기가 어렵다는 문제가 남는다. '과감한', '견딜 만하게', '무력하다'는 표현이 무척 모호하기 때문에, 특례 조항을 어떻게 이해해야 할지 난감하게 된다. 표현 각각에 대한 해석의 가능성이 무한하고, 그 표현을 사용하는 사람의 주관에 따라 그 의미가 달라질 수 있기 때문이다.

따라서 안락사 특례라는 것은 문제를 명확히 하기는커녕, 환자와 의사, 재판관, 일반 대중 모두를 매우 난처한 상황에 몰아넣을 위험이 있다.

안락사 합법화를 주장하는 근거는 무엇일까?

안락사 합법화와 관련해서 프랑스 법학자와 정부 당국자들의 생각은 지금으로서는 크게 진척된 바가 없는 것 같다. 하지만 다른 한쪽에서는 많은 사람들이 합법화를 지지하는 운동을 펼치고 있다.

그들은 대부분 건강한 사람들로서, 다른 사람의 생명을 인위적으로 단축하는 데 도움을 준 적이 있거나 그렇게 할 용의가 있다고 말하는 사람들이다. 프랑스에서 안락사 합법화를 위해 싸우는 대표적인 운동 단체가 '존엄하게 죽을 권리를 위한 협회'이다. 그 단체에서 이름으로 내세우고 있는 '존엄'과 '권리'라는 용어에 대해서는 정확하게 정의하는 것이 좋을 듯하다. 왜냐하면 그런 용어의 사용이 두 가지 심각한 오해에 기초하기 때문이다.

1999년 1월 12일, 안락사의 합법화를 주장하는 132명의 청원인들은 "자신이 죽을 시기를 선택할 자유는 인권 선언에 내재한 불가침 권리"라고 단언하고, 죽을 권리는 인간의 타고난 자유라는 내용의 탄원을 프랑스 최대 석간지인 《프랑스 수아르》에 실었다. 이는 결국 '자살권'을 합법화하자는 주장과 다를 바 없다. 그런데도 앙드레 콩트스퐁필[*]이나 프랑수아 드 클

로제* 같은 유명한 철학자와 논객들은 '죽음의 선택'이 표현의 자유나 신앙의 자유와 같은 위치에 있는 시민의 권리라고 보고 그들의 주장에 동조했다.

또한 안락사 찬성론자들은 안락사를 낙태에 견주어 그 정당성을 주장하기도 한다. 두 경우 모두 당사자가, 즉 환자나 임신부가 자신이 처한 상황의 결과를 감당할 능력이 없으므로 '인명의 단축'을 허용해야 한다는 것이다. 하지만 그 둘을 유사한 것으로 보는 것은 타당하지 않다. 낙태를 허용하는 법률은 원래 젊은 여성들의 죽음을 막기 위해 만들어졌다. 비위생적인 환경에서 돌팔이 의사의 손에 수술을 맡기는 바람에 생명과 건강을 해치는 경우가 많았기 때문이다. 사람을 살리기 위한 것과 죽게 하는 것을 나란히 놓는 것은 억지스럽다. 그것도 완화의료가 존재하는 마당에 말이다.

어떤 형태로든 죽음을 합법화하는 것은 법의 원칙에 맞지 않는다. 법은 사회의 폐단으로부터 사람들을 보호하기 위해,

● ● ●

앙드레 콩트스퐁빌(1952~　) 프랑스의 철학자. 일반인을 위한 쉬운 철학 책을 여러 권 썼다. 대표적인 저서로 『미덕에 관한 철학 에세이』 등이 있다.
프랑수아 드 클로제(1933~　) 프랑스의 저널리스트이자 작가, 텔레비전 프로듀서. 안락사 문제를 다룬 『마지막 자유』 등을 썼다.

특히 사회적 약자들을 보호하기 위해 만들어진 것이다. 안락사의 경우, 사람의 생명을 인위적으로 끊는 것을 선택하면서도 그 사람의 고통을 덜어 주었다는 이유로 휴머니즘이라는 훌륭한 이름을 붙일지도 모른다. 하지만 그렇게 하는 것이 정말 고통을 겪고 있는 이들을 위하는 것일까? 안락사 논쟁은 소위 선진국 사회가 질병과 고통, 노화, 죽음에 대해 몹시 거북해하고 있음을 보여 주고 있는 것은 아닐까?

이제 다음 장에서 바로 그 문제를 검토해 보려고 한다.

3

안락사 합법화는
어떤 사회적 결과를 가져올까?

늙음과 죽음은 혐오스러운 것인가?

20세기 초 이후로, 선진국 사람들이 죽음을 경험하는 일은 점점 줄어들었다. 죽음은 피할 수 없는 것이라는 점에서 그것은 어찌 보면 너무나 부자연스러운 일이다. 죽음을 경험하는 일이 줄어든 데에는 여러 가지 요인이 있다.

평균 수명의 연장은 당연히 죽음의 위협을 뒤로 늦추는 결과를 가져왔다. 그리고 앞에서도 말했듯이, 의학 기술의 눈부신 성과로 사람들은 병원에 가면 모든 병을 고칠 수 있다고 믿게 되었다. 또한 사람들이 고향을 떠나 도시로 몰리면서 가족들이 뿔뿔이 흩어지게 된 것도 죽음을 경험하는 일을 줄어들게 만든 요인이다. 이제 사람들은 친척이 죽음을 앞두고 있어도 그 사실을 알지 못한다. 시골에 계시는 작은할아버지가 돌아가

시는 것도 모르는데, 미국에 사는 먼 사촌이야 오죽하겠는가!

그러한 사회적 요인들 외에 관념적인 요인도 있다. 바로 종교를 접하는 일이 점차 사라지고 있다는 점이다. 임종을 지켜보는 것, 상가에서 밤샘을 하는 것, 다양한 장례 의식을 치르는 것, 망자의 가족을 위로하는 것 등 죽음과 관련된 관습들도 많이 사라졌다.

이제 죽음은 대부분 병원에서 일어난다. 죽음은 무미건조하고 비인간적인 것, 사회에서 고립된 것이 되었고, 마치 인생의 한 부분이 아니라는 듯 거리를 두고 처리해야 하는 것으로 변했다. 젊음과 속도, 힘을 열렬히 숭배하는 사회에서, 늙고 죽는다는 사실은 혐오스러운 것이 되어 버렸다. 이제 사람들은 죽음에 대해서는 알고 싶어 하지도 않는다. 심지어 늙어 가고 죽는 것을 인간의 존엄성에 어긋나는 것으로 여기기도 한다.

그런데 과학이 인간이 살 수 있도록 도울 수는 있지만, 죽는 것을 도와줄 수 있다고 생각하기는 어렵다. 죽음은 매우 개인적인 것으로 각자가 혼자서 겪어야 하는 삶의 마지막 과정으로 남아 있다. 그 사실은 앞으로도 변하지 않을 것이다. 따라서 과학과 기술의 개입은 죽음이 가지는 의미를 모두 제거하는 것이 된다. 그러나 죽음과 연관되는 것을 원하지 않는 사람들은 이러한 과학만능주의, 비인간적인 논리를 확대하여, 죽음을 하나

젊음과 속도, 힘을 숭배하는 현대 사회에서 늙음과 죽음은 혐오스러운 것이 되어 버렸다.
안락사를 허용하자는 주장의 배경에는 죽음을 배척하는 문화가 있다.

의 의료 행위, 즉 과학적이고 기술적인 행위로 축소하려고 한다. 죽음과 함께 찾아올 긴장과 두려움, 불안을 그렇게 해서 없애려는 것이다.

두려운 것이 죽음인가, 고통인가?

안락사에 관한 질문을 던져 보면, 건강한 사람들은 안락사를 죽음보다는 고통과 연결해서 생각한다는 것을 알 수 있다. 건강한 사람들은 안락사 요청이 있을 수 있는 일이라고 생각하며, 안락사라고 하면 자연적인 고통이나 의료 집착적 행위로 인한 고통을 먼저 떠올린다. 그리고 그런 고통에 동반될 위험이 있는 것이 죽음이라고 생각한다.

여론 조사 결과를 보면 그러한 관점이 특히 잘 드러난다. 1987년과 1997년, 2001년에 여론 조사 기관 소프레스가 실시한 조사 결과를 보면, 응답자 80퍼센트 이상이 다음 질문에 긍정적으로 답했다.

"극심한 고통을 겪는 불치병 환자가 자신의 의지에 따라 다른 사람의 도움을 받아서 죽을 권리가 있다는 주장에 찬성합니까?"

위의 일반적인 질문을 다음과 같이 개인적인 질문으로 바꾸어 물어 보았다.

"당신이 극심한 고통이 따르는 불치병을 앓고 있다면, 다른 사람의 도움을 받아서 죽을 수 있기를 원하겠습니까?"

그러자 '그렇다.'가 58퍼센트, '아마도 그럴 것이다.'가 21퍼센트로 긍정적인 답변이 조금 줄었지만, 그래도 대다수가 긍정적으로 답했다.

적막한 곳에서 견디기 힘든 고통에 시달리며 홀로 죽기를 원하는 사람은 아무도 없다는 것은 점쟁이가 아니어도 알 수 있다. 죽음은 두려운 것이지만 모든 사람은 죽게 되어 있고 모두가 그 사실을 알고 있다. 희망이 전혀 없는데도 기술에 의존하여 힘들게 목숨만 유지하고 싶어 하는 사람은 아무도 없다.

그러나 실제 사정은 보이는 것보다는 언제나 더 복잡한 법이다. 불편하고 고통스럽긴 하지만 일말의 성공 가능성이 있는 이런저런 치료를 환자 자신이나 환자 가족에게 제안했을 때 죽음에 임박한 사람이 실제로 어떤 반응을 보일지는 아무도 예측할 수 없다.

정말로 죽음을 원하는가?

다양한 부류의 사람들이 명백히 안락사 요청이라고 볼 수 있는 것을 의사에게 부탁한다. 죽게 해 달라고 부탁하는 가장 흔한, 그리고 가장 자연스러운 방법은 "그만 끝내고 싶다." 또는 "인생이 살 만한 가치가 없다." 같은 말로 그 소망을 표현하는 것이다. 사회에서 이미 소외되었거나 연고 없는 사람들, 장애를 가진 사람들이 그럴 때가 많다. 그들은 신체적 고통뿐만 아니라, 치료비를 부담해 주는 사회나 자신을 돌보는 주변 사람들에 대한 죄책감까지 안게 된다. 물론 그들이 죄책감을 느낄 이유는 전혀 없다. 그런 사람들의 안락사 요청은 고통 때문에 내지르는 마음의 비명 같은 것이다.

환자 가족이 안락사를 요청할 때가 있는데, 소중한 사람의 고통을 보는 게 힘들고 보살피는 데 지쳤기 때문인 경우가 대부분이다. 따라서 가족의 요청은 자신의 고통을 표현하는 것에 지나지 않는다.

죽음을 요청하는 사람이 정말 충분히 생각해서 진정으로 죽음을 원해서 이성적으로 부탁하는 것이라고 볼 수 있을까? 고통이 이성을 잃게 한다는 것은 오래전부터 알려진 사실이다. 고통으로 힘들어 하는 사람이 죽음을 선택할 만한 여유가 정말 있을까? 정말 자기의 진정한 의사를 표현하는 것일까?

그러나 그와는 달리 심사숙고 끝에 이성적으로 안락사를 요청하는 경우도 있다. 일반적으로 건강한 사람이 철학적이고 윤리적인(자신이 생각하기에 윤리적인) 이유로 안락사가 자신이나 가족의 생명을 중단시키는 정당한 방식이라는 확신을 가지고 의사에게 이야기하고 의견을 구하는 경우다.

끝으로, 안타깝지만 빼놓을 수 없는 추악한 경우도 있다. 유산에 얽힌 이해관계나 환자 때문에 생기는 불편함 등 떳떳하게 밝힐 수 없는 이유로 가족이나 친지가 환자의 안락사를 요구하기도 한다. 혹은 의료진이 주로 경제적인 이유로, 즉 침상 하나를 서둘러 비우기 위해서 환자의 생명을 끊는 것을 선택할 때도 있다.

안락사를 합법화하면 그런 행동을 정당한 것으로 보고 대수롭지 않게 여기게 되지 않을까?

극단적인 경제 논리로 이어지지 않을까?

보건 비용에 관한 사회적 논의는 이제 겨우 시작 단계에 있지만, 이는 매우 중요한 논의라 할 수 있다. 개개인의 행복과 관련 있을 뿐 아니라, 인간에 대한, 그리고 인간의 본질적인 가치에 대한 우리의 생각에도 영향을 미치기 때문이다. 그런데 경제적인 요소에만 한정해서 그 문제를 논의할 수 있을까? 때때로 그렇게 하고 싶은 마음이 굴뚝같다는 것도 사실이다. 숫자로 판단하고 질보다 양으로 계산하는 것이 훨씬 쉽기 때문이다. 늙고 병든 사람을 금전적인 면에서만 평가하면, 사회의 '무거운 짐' 밖에 되지 않는다는 간단한 결론이 나온다.

우리는 인간이 인간에게 이런 가치를 부여하기를 바라는가? 안락사를 합법화하면, 그러한 경제 중심의 논리가 극단까지 가게 될 위험이 있지 않을까? 다시 말해 전체의 행복을 위해서 짐이 되는 사람들, 즉 늙고 병들고 장애가 있는 사람들을 희생시키는 것이 좋다고 하는 잔악한 결론에 이르게 되지 않을까?

안락사라는 관념이 우생학°으로 이어질 수 있다는 것은 쉽게 추론할 수 있다. 그 목적은 종족 개선 같은 생물학적인 것일 수도 있고, 삶의 조건 개선 등 경제적인 것일 수도 있다. 장애인과 정신병 환자, 노인들을 돌보기 위해서는 많은 비용이 들

● ● ●

우생학 유전 법칙을 응용해서 인간 종족의 개선을 연구하는 학문으로 1883년에 영국의 골턴이 제창하였다. 인종 개량학으로 불리기도 하며, 나치의 유대인 학살의 한 근거로 이용되었다.

고, 게다가 그들은 자주 아프기까지 한다. 그들의 고통과 그들을 부양하는 사회의 부담을 동시에 덜어 주는 방법으로 안락사보다 좋은 게 있겠는가?

경제적인 잣대가 윤리적 일탈을 어느 정도까지 초래하는지 우리는 이미 알고 있다. 금연 캠페인만 해도 담배 회사들의 강력한 로비 활동의 힘에 끊임없이 부딪치고 있지 않은가? 폐암이 흡연과 관계있다는 사실이 밝혀졌는데도 파렴치하게 이윤을 추구하는 기업은 여전히 활개를 치고 있지 않은가?

따라서 질병과 노화, 죽음에 관련한 문제들에 단순한 경제적 잣대를 적용하는 것은 재검토해야 한다. 여기서 문제는 죽음이 아니다. 모든 사람들이 평온하고 고통 없는 죽음 외에는 더 바라는 게 없다는 식으로 문제를 축소하여 병자나 장애인 같은 사회적 약자들의 삶을 외면해서는 안 된다. 인간의 죽음만이 아니라 삶도 존엄해야 하니까 말이다.

유전학자 악셀 칸˚은 『휴머니즘과 과학』에서 이렇게 말한다.

· · · ·

악셀 칸(1944~) 프랑스의 유전학자. 프랑스 국립 보건 의학 연구소 소장이며 국가 윤리 위원회 회원이기도 하다. 지은 책으로 『인간 복제 : 미래 과학의 새로운 패러다임』 등이 있다.

아픈 사람들에 대한 의사의 의무가 그들 상태의 절박함과 그들 고통의 크기에 의해 결정되는 것이 아니라 경제적 각축장에서 차지하는 그들의 위치에 의해 결정된다면, 휴머니즘에서 도대체 무엇이 남는가?

경제적인 이유 때문에 죽음만이 고통과 장애, 외로움을 벗어날 수 있는 유일한 출구가 되는 사회라면 너무나 병든 사회가 아닐까?

이와 같이 안락사 문제는 여러 가지 사회적 병폐를 드러낸다. 그뿐만 아니라 윤리와 법, 심지어 의학에도 혼란과 오해, 무지가 존재함을 보여 준다. 다음 장에서는 그 문제를 살펴볼 것이다.

4

인간의 존엄성이란
무엇인가?

존엄하지 않은 인간도 있는가?

안락사를 지지하는 사람들은 '존엄하게 죽는 것'을 원한다. 달리 말하면, 인위적으로 생명을 단축하여, 늙어서 죽음이 다가옴에 따라 겪게 되는 모든 신체적, 정신적 고통을 피하고 싶은 것이다. 그들이 보기에는 늙고 죽어 가는 과정이 인간을 가치 없는 존재로 만들고 존엄성을 잃게 한다.

존엄한 죽음이라는 소망에 대해서는 다음 두 가지 논평을 할 수 있다.

첫째, 생의 마지막 시기에 찾아오는 고통을 피하고 싶어 하는 것은 당연하다. 그러한 부정적인 측면을 없애 주거나 적어도 견딜 만하게 해 주는 것이 바로 완화 의료다. 즉 그러한 소망에 대한 실제적이고 의학적인 해결책이 있다는 얘기다. 이제 필요한 것은 그 제도를 더 개선하고 확대하는 것이다. 죽음을 앞두고 좀 더 나은 삶을 누릴 수 있는 권리에서 배제되는 사람이 아무도 없도록 말이다.

둘째, 안락사를 존엄성 차원에서 이야기하는 것은 윤리적인 문제를 제기한다. 어떤 사람을 두고 '존엄성을 잃었다.'고 말하는 것은 그 사람에 대해 판단을 내리는 것을 의미하는데, 어느 누구도 그럴 권리는 없다. 왜냐하면 **인간의 존엄성**이란 건강 상태와 같은 가변적인 척도로 평가되는 것이 아니기 때문이다. 인간의 존엄성은 인간이라는 사실 자체에 주어지는 본질적인 속성이며, 우리가 존중해야만 하는 것은 그런 존엄성이다. 하지만 유감스럽게도, 같은 인간에 대한 인간의 행동을 보면 그 의무를 올바로 이해하고 있는 것 같지 않다.

여기서 잠깐, 개체와 개인의 구분에 대해 얘기하고 지나가는 게 좋겠다.

모든 인간은 하나의 **개체**라고 할 수 있다. 개체로서 인간이 가지는 속성은 여러 가지이기 때문에, 성별과 국적, 직업 등의 범주에 따라 그 사람은 매번 다르게 간주된다. 도로에 있으면 운전자, 투표소에서는 유권자, 슈퍼마켓에서는 소비자가 되는 것 같은 일시적인 신분에 따라서도 다르게 여겨진다. 여론 조사의 표본이 되고, 신제품이나 광고 아이디어 시험에서 대상이

인간의 존엄성은 인간이라는 사실 자체에서 생긴다.
늙고 병들어 비참한 상태에 있다고 해서 존엄성을 잃게 되는 것이 아니다.

되기도 한다. 인간 개체에 관한 사회학적 연구는 많다. 어떤 집단의 행동 방식을 이해하게 해 주는 연구도 있고, 사회 운동을 평가하는 연구도 있으며, 부에 관한 경제적인 분석도 있다. 개체인 인간은 과학의 연구 대상이 되기도 하는데, 이 경우 식물이나 세균, 포유류 등과 같은 위치에 있는 것이다.

개체는 개성이 없는 익명적인 성질의 것이고, 자신이 속한 집단의 다른 개체들과 구분되지 않는다. 기본적인 예의를 논외로 하면, 개체에 대해서는 존중할 필요도 없고 멸시할 필요도 없다. 개체란 윤리적인 문제 밖의 것이기 때문이다.

개인의 경우는 완전히 다르다. 앞에서 개체로 간주되었던 똑같은 X 씨라고 해도 개인으로서는 하나밖에 없는 유일한 존재다. 개인 X 씨는 어떤 집단의 구성원이라는 것으로 정의할 수 없다. 인간으로서 개인이 가지는 가치는 고유하고 유일한 것이다. 개인은 인류에 속한다는 사실 자체로 고유한 존재로 정의된다. 개인은 윤리적인 차원의 문제이다.

따라서 개인으로서 인간의 존엄성은 항상 보호되어야 한다. 물론 약해지고 소외된 상황에서는 존엄성을 잃었다는 생각이 들 수도 있다. 하지만 존엄성은 그 사람 안에 본래 있는 것이므로 침해할 수 있는 것이 아니다. 그러므로 어떤 개인이 아무리 비참한 상황에 처해 있어도, 그 사람을 보는 시선에서, 그리고 그 사람에게 보이는 태도에서 개인의 존엄성에 대한 존중이 나타나야 한다.

만취 상태로 응급실에 실려 온 노숙자, 혼자서는 전혀 움직일 수 없을 정도로 병들거나 늙은 사람, 필요한 것을 스스로 구할 능력이 없는 것이 당연한 갓난아이, 그 모두가 인간이라는 이유로 존엄성을 존중받을 자격이 있다.

사상의 자유를 내세우면서 존엄성에 대한 그러한 정의를 거부하고, 존엄성이란 개체에 따라 변할 수 있는 주관적인 감정일 뿐이라고 주장하는 사람들도 있다. 존엄성에 대한 자신의 생각을 타인에게 강요할 수 없다는 것도 분명한 사실이다. 그러나 노화와 질병을 '존엄성 상실' 상태로 간주하는 것은, 늙고 병든 사람들에 대한 가치 판단으로 곧 이어진다는 것을 잊어서는 안 된다.

존엄성은 안락사 합법화를 얻어 내기 위한 인질에 지나지 않는다. 존엄성을 이유로 안락사를 허용하는 것은 결국 인간이 존엄성을 잃을 수도 있다는 생각을 정당화하는 결과를 낳을 것이다. 그러나 누가 감히 무슨 자격으로 인간의 존엄성을 있게도 하고 없게도 한단 말인가?

자살하는 것도 권리가 될 수 있는가?

모든 자살은 비극적인 사건이다. 모두 크나큰 고통의 표현이고, 그 고통의 안타까운 결과다. 그런데도 자살권이라는 것이 있다고 말할 수 있을까?

자살권 문제에 관해서는 윤리적 차원의 혼란과 법적 차원의 혼란이 동시에 나타난다. 잘사는 나라에는 응석받이 어린애 같은 어른들이 가득해서 뭐든 자기 마음대로 할 수 있고 모든 권리를 가지고 있다고 생각하는 경우가 많다. 어떤 사람들은 **권리**라는 것은 그것의 반대인 '의무'가 있기 때문에 존재할 수 있다는 사실을 잊은 채, 서슴없이 동물적인 권리만을 주장하기도 한다.

우리가 권리를 가지는 것은 사회를 이루고 살고 있기 때문이다. 그리고 권리를 가진다는 것은 큰 특권이다. 철학자 시몬 베유˚가 지적했듯이, 지구상에 홀로 존재하게 된 사람에게는

●　●　●

시몬 베유(1909~1943) 프랑스의 철학자이자 노동 운동가. 제2차 세계 대전 때 레지스탕스에 참가했고 노동자의 삶을 이해하기 위해 공장 생활을 하기도 했다. 그녀가 남긴 글은 사후에 『뿌리에 대한 갈망』, 『신을 기다리며』 등으로 출판되었다.

아무 권리도 없을 것이다. 대신 생존을 위한 의무는 무수하게 많을 것이다.

권리와 의무의 문제는 자유와 책임이라는 문제로 이어진다. 대체로 사람들은 자유란 자기가 원하는 대로 행동할 수 있는 것이라고 생각한다. 그것도 맞는 말이기는 하나, 부분적인 정의에 지나지 않는다. 자유롭게 행동한다는 것은 그에 대한 책임 또한 지는 것을 전제로 한다. 의무 없이는 권리가 없는 것과 마찬가지로 책임 없이는 자유도 없다. 그런 점에서 볼 때 자살 행위가 자유의 실현일까?

한 레지스탕스가 동지들의 이름을 대느니 차라리 죽는 게 낫겠다고 판단해서 자살을 택했다면 그것은 확실히 자유로운, 그리고 책임 있는 선택이라 할 수 있다. 하지만 건강한 사람이 투쟁의 길과 죽음의 위험을 자발적으로 선택한 경우와, 몸과 마음의 고통으로 괴로워하면서 그 모든 게 끝나기만을 바라는 경우를 비교할 수는 없다.

후자의 경우, 고통이 줄어든다고 해도 그 사람이 자살을 원할까? 그 경우에 자살은 아픈 사람의 절망과 사회의 무관심이 만들어 낸 성급한 해결책이 아닐까? 이 무책임한 사회가 극심한 고통에 시달리는 사람에게 해결책으로 제시하는 것이 기껏 치사량에 이르는 약물인 것은 아닌가?

한편 안락사 합법화와 완화 의료 발전이 양립할 수 없다는 것도 심각한 문제다. 안타깝게도 사실상 안락사와 완화 의료 사이에 제3의 대안이 존재하지 않는다. 앞에서 보았듯이, 안락사를 원하는 것은 죽음이 두렵기 때문이 아니라 죽음이 다가옴에 따라 겪어야 하는 과정이 두렵기 때문이다. 선택은 분명해진다. 고통을 줄이기 위해서는 완화 의료를 택하든지 생명 단축을 택할 수밖에 없는 것이다. 이것이 바로 안락사 논쟁에서 핵심이다.

5

의사는 어떤 원칙을
지켜야 하는가?

의사는 법률을 따라야 할까, 양심을 따라야 할까?

끝으로 의사의 입장에 대해 얘기할 필요가 있다. 솔직히 말하면 현실에서 상당수 의사들이 어떤 형태로든 안락사 요청에 직면한다. 만약 안락사를 합법화하면, 결정과 실행에서 의사들의 역할이 매우 중요해질 것이다. 금지 사항을 위반하고 사회적 규범이 요구하는 것과는 반대 방향으로 가는 것에 익숙해져야 할지도 모른다.

의사가 환자 한 사람 한 사람과 맺는 관계는 모두 고유하고 유일한 관계다. 입장이 어떻고 법률이 어떻고를 다 떠나서, 의사가 관심을 갖는 것은 바로 자신이 마주하고 있는 아픈 사람이다. 따라서 의사와 환자의 관계는 내밀한 개인적인 영역에 속하고, 어떤 법률도 그 관계에 끼어들 수는 없다.

고통을 겪고 있는 사람과 마주해서 의사가 어떤 일반적인 행동 규칙을 기준으로 행동하게 되지는 않을 것이다. 그 사람의 얘기를 잘 듣는다는 것만이 아마 변함없는 규칙이 될 것이다. 환자마다 상황이 다 다르므로, 의사는 환자와 환자 가족, 다른 의료진의 의견과 일치하는 가장 좋은 길을 선택하게 될 것이다.

1997년, 프랑스에 있는 중환자실 113곳의 환자 7309명을 대상으로 대규모 조사를 한 적이 있었다. 조사가 진행된 두 달 동안 사망한 사람이 1175명이었는데, 그중 연명 조치 중단과 직접 관련된 사망이 54퍼센트였다. 두 명 중 한 명이 연명 조치 중단으로 사망한 것이다. 연명 조치 중단 결정은 여러 사람이 함께 내린 것이었고, 환자 가족이 그 자리에 입회한 경우도 44퍼센트였다.

다른 사람들과 마찬가지로 의사도 사람을 죽여서는 안 된다. 고통을 덜기 위해 다량의 진통제가 필요할 때 그렇게 처방하는 것과, 죽이려는 의도를 가지고 과도한 양의 진통제를 처방하는 것은 질적으로 매우 다른 행위다. 보통 의사들이 그러한 결정을 내리는 것은 양심 조항˚에 해당되는 사안으로 의사와 환자의 관계라는 개인적인 영역에 속하는 일이다. 의사는 자신의 의도와 기본적인 규칙에 의해 움직이고, 자신의 가치 체계가 근거하고 있는 원칙에 따라 어떤 조치를 취할 것인지 선택할 것이다.

여기서 어떠한 의도에서 나온 것이냐에 따라 차이가 있다는 것은, 안락사 문제가 법학이 아니라 윤리학의 영역에 속한다는 것을 보여 준다. 법학은 사회의 폐단으로부터 개인을 보호하는 데 목적을 둔 학문이고, 윤리학은 의도를 중요하게 여기는 학문이다.

안락사를 합법화하는 것은 의사와 환자 사이에서 유지해야 하는 내밀함과 신뢰를 쉽게 방기하게 할 우려가 있다. 그리고 앞에서 보았듯이, 안락사 합법화는 과학과 기술, 의료 행위의 무절제한 남용으로 이어져 우리로부터 인간적인 미덕을 제거하게 될지도 모른다. 인간의 존엄성을 내세워서 안락사 합법화를 주장하는 것은 인간이 점점 더 비인간적이 되는 길인데, 그길을 통해 어떻게 인간이 존엄성에 이를 수 있다는 것인지 참으로 의아할 뿐이다.

● ● ● ●

양심 조항 의사나 약사 등 의료인이 종교나 양심을 이유로 어떤 의료 서비스를 제공하거나 거부할 권리가 있다고 정한 법률 조항. 낙태나 피임에 반대하는 의료인들의 지지를 받으며 미국의 여러 주에서 채택하고 있다.

바로 그런 근본적인 부조리가, 안락사는 윤리적이지도 않고 합법화해서는 더더욱 안 되는 행위임을 확인시켜 주고 있지 않은가!

더 읽어 볼 책들

- 구영모, 『생명 의료 윤리』(동녘, 1999).

- 문국진, 『생명 윤리와 안락사: 의료의 문화적 반성』(여문각, 1999).

- 뱅상 윙베르, 최내경 옮김, 『나는 죽을 권리를 소망한다』(빗살무늬, 2003).

- 엠 스캇 펙, 민윤기 옮김, 『영혼의 부정: 혼돈에 빠진 안락사, 그 참된 의미에 관하여』(김

  영사, 2001).

- 제럴드 드워킨 외, 정기도 외 옮김, 『안락사 논쟁』(책세상, 1999).

논술 · 구술 시험은 논리적이고 종합적인 사고를 요구한다. 다음에 제시된 문제는 이 책의 주제와 연관이 있는 논술 · 구술 기출 문제이다. 이 책을 통하여 습득한 과학적 지식과 원리, 입체적이고 논리적인 접근 방식을 활용하여 스스로 문제에 답해 보자.

▶ 안락사의 문제를 생명 윤리의 측면과 환자의 권리 측면에서 논하고 이것을 종합하여 자신의 결론을 내려라.

▶ 안락사에 대해 종교계의 생명 존엄 견해와 환자의 권리 충돌에 대해 말하시오.

▶ 안락사에 대한 찬성과 반대 의견 중에서 자신의 입장을 밝혀 보시오.

옮긴이 | 김성희

부산대 불어교육과 및 동대학원을 졸업했으며 현재 전문 번역가로 활동 중이다.

민음 바칼로레아 34

안락사를 합법화해야 할까?

2판 1쇄 펴냄 2021년 3월 30일
2판 4쇄 펴냄 2024년 8월 8일

1판 1쇄 펴냄 2006년 7월 27일
1판 5쇄 펴냄 2019년 4월 8일

지은이 | 미셸 오트쿠베르튀르
감수자 | 김현철
옮긴이 | 김성희
발행인 | 박근섭
펴낸곳 | ㈜민음인

출판등록 | 2009. 10. 8 (제2009-000273호)
주소 | 06027 서울 강남구 도산대로 1길 62 강남출판문화센터 5층
전화 | 영업부 515-2000 **편집부** 3446-8774 **팩시밀리** 515-2007
홈페이지 | minumin.minumsa.com

도서 파본 등의 이유로 반송이 필요할 경우에는 구매처에서 교환하시고
출판사 교환이 필요할 경우에는 아래 주소로 반송 사유를 적어 도서와 함께 보내주세요.
06027 서울 강남구 도산대로 1길 62 강남출판문화센터 6층 민음인 마케팅부

한국어판 © (주)민음인, 2006. Printed in Seoul, Korea
ISBN 979 11-5888-796-4 04000
ISBN 979 11-5888-823-7 04000(set)

㈜민음인은 민음사 출판 그룹의 자회사입니다.